儒家心語
從孔子箴言看人生哲理

從《論語》看儒家文化的當代意義，解讀孔子言行中的哲學思想與道德準則

許福吉 選編
楊匡漢 書

論語精選彙編 × 文字簡潔明瞭 × 哲理廣泛深邃
層層遞進的格言，引領人們通往道德與知識雙修的境界！

—— 論語涵蓋個人修養、家庭倫理和社會責任等範圍，——
這些教誨不僅在當時社會有著重要影響，在今日依然具有指導意義，
幫助讀者在複雜的生活中找到自我修養和待人接物的方向。

目錄

出版說明 …………………………………… 009

學而時習之，不亦說乎 …………………… 011

弟子入則孝，出則悌 ……………………… 015

君子不重則不威，學則不固 ……………… 019

君子食無求飽，居無求安 ………………… 023

不患人之不己知，患不知人也 …………… 025

為政以德，譬如北辰 ……………………… 027

詩三百，一言以蔽之 ……………………… 029

道之以政，齊之以刑 ……………………… 031

吾十有五而志於學，三十而立 …………… 033

溫故而知新，可以為師矣 ………………… 035

學而不思則罔，思而不學則殆 …………… 037

多聞闕疑，慎言其餘 ……………………… 039

目錄

人而無信，不知其可也 ………………………… 041

人而不仁，如禮何 ……………………………… 043

關雎，樂而不淫 ………………………………… 045

里仁為美。擇不處仁 …………………………… 047

不仁者不可以久處約，不可以長處樂 ………… 049

富與貴，是人之所欲也 ………………………… 051

君子懷德，小人懷土 …………………………… 053

君子喻於義，小人喻於利 ……………………… 055

見賢思齊焉，見不賢而內自省也 ……………… 057

事父母幾諫，見志不從 ………………………… 059

君子欲訥於言而敏於行 ………………………… 061

始吾於人也，聽其言而信其行 ………………… 063

敏而好學，不恥下問 …………………………… 065

老者安之，朋友信之 …………………………… 067

夫仁者，己欲立而立人 ………………………… 069

質勝文則野，文勝質則史 ……………………… 071

務民之義，敬鬼神而遠之 …………………… 073

知者樂水，仁者樂山 ………………………… 075

默而識之，學而不厭 ………………………… 077

德之不修，學之不講 ………………………… 079

志於道，據於德 ……………………………… 081

不憤不啟，不悱不發 ………………………… 083

飯疏食，飲水 ………………………………… 085

我非生而知之者，好古 ……………………… 087

三人行，必有我師焉 ………………………… 089

奢則不孫，儉則固 …………………………… 091

君子坦蕩蕩，小人長戚戚 …………………… 093

恭而無禮則勞，慎而無禮則葸 ……………… 095

三軍可奪帥也，匹夫不可奪志也 …………… 097

歲寒，然後知松柏之後凋也 ………………… 099

知者不惑，仁者不憂 ………………………… 101

可與共學，未可與適道 ……………………… 103

005

目錄

博學於文，約之以禮 ………………………… 105

君子成人之美，不成人之惡 ………………… 107

舉直錯諸枉，能使枉者直 …………………… 109

名不正則言不順，言不順則事不成 ………… 111

其身正，不令而行 …………………………… 113

無欲速，無見小利 …………………………… 115

君子和而不同，小人同而不和 ……………… 117

君子易事而難說也 …………………………… 119

君子泰而不驕，小人驕而不泰 ……………… 121

古之學者為己，今之學者為人 ……………… 123

不逆詐，不億不信 …………………………… 125

何以報德？以直報怨 ………………………… 127

不怨天，不尤人 ……………………………… 129

可與言而不與之言，失人 …………………… 131

志士仁人，無求生以害仁 …………………… 133

工欲善其事，必先利其器 …………………… 135

人無遠慮，必有近憂 …………………………… 137

君子義以為質，禮以行之 …………………………… 139

君子矜而不爭，群而不黨 …………………………… 141

君子不以言舉人，不以人廢言 …………………… 143

其恕乎！己所不欲 …………………………………… 145

巧言亂德，小不忍則亂大謀 ……………………… 147

君子謀道不謀食 ……………………………………… 149

有教無類 ………………………………………………… 151

君子不可小知而可大受也 ………………………… 153

道不同，不相為謀 …………………………………… 155

益者三友，損者三友 ………………………………… 157

益者三樂，損者三樂 ………………………………… 159

君子有三戒 ……………………………………………… 161

君子有三畏 ……………………………………………… 163

生而知之者上也，學而知之者次也 …………… 165

君子有九思 ……………………………………………… 167

目錄

見善如不及，見不善如探湯 …………… 169

性相近也，習相遠也 …………………… 171

恭寬信敏惠 ……………………………… 173

小子何莫學夫詩 ………………………… 175

巧言令色，鮮矣仁 ……………………… 177

飽食終日，無所用心 …………………… 179

君子惠而不費，勞而不怨 ……………… 181

不知命，無以為君子也 ………………… 183

中英文參考文獻 ………………………… 185

孔子的一生 ……………………………… 187

孔子年譜 ………………………………… 191

出版說明

　　孔子是華族人文初祖,世界文化名人,古代傑出的思想家和教育家。洪鐘無聲,待叩乃有聲;聖人無言,有問乃出言。孔子為人師表,述而不作,《論語》是其身後由弟子和再傳弟子編纂而成的語錄體寶典,主要記載孔子嘉言,兼及弟子的回應。《論語》之道,含義綦廣,做人處世,六德六行,不僅顯示了孔子的偉大人格,也建立了啟後的聖賢道統。孔子思想不獨屬於中華民族,又為全人類共用的精神遺產。

　　《論語》在漢代有《古論語》、《齊論語》、《魯論語》三種不同版本。前兩種均已亡佚,現代通行的是《魯論語》,計20篇,一萬餘字。南宋以後,《論語》與《孟子》、《大學》、《中庸》並稱《四書》,作為科舉考試的必讀書,且在東亞和西方世界流傳。現存舊注有魏何晏《論語集解》、宋邢昺疏《論語注疏》、宋朱熹《論語集注》及清劉寶楠《論語正義》等,今注本有楊伯峻《論語譯注》、楊樹達《論語疏證》、錢穆《論語新解》等。

　　《論語》聖言簡奧,指涉廣博。為使讀眾能重新產生對中國經典的興趣,且以親和的方式走近孔子與《論語》,我們編印了這本書。本書由南洋理工大學孔子學院院長許福吉博士參照諸

出版說明

家精心選編八十餘則,復特邀楊匡漢教授揮毫灑翰。此番文白會通,書藝添錦,亦不啻是兩國學人交流合作之盛舉。

值此南洋理工大學孔子學院開幕慶典之際,謹以此書獻給所有熱愛和傳承中華文化的朋友們。

學而時習之，不亦說乎

子曰：「學而時習之，不亦說乎？有朋自遠方來，不亦樂乎？人不知而不慍，不亦君子乎？」

《論語・學而》

【注釋】

(1) 子：中國古代對於有地位、有學問的男子的尊稱，有時也泛稱男子。《論語》書中「子曰」的子，都是指孔子而言。

(2) 學：孔子在這裡所講的「學」，主要是指學習西周的禮、樂、詩、書等傳統文化典籍。

(3) 時習：在周秦時代，「時」字用作副詞，意為「在一定的時候」或者「在適當的時候」。但朱熹在《論語集注》一書中把「時」解釋為「時常」。「習」，指演習禮、樂；複習詩、書。也含有複習、實習、練習的意思。

(4) 說：音ㄩㄝˋ，同悅，愉快、高興的意思。

(5) 有朋：一本作「友朋」。舊注說，「同門曰朋」，即同在一位老師門下學習的叫朋，也就是志同道合的人。

(6) 樂：與說有所區別。舊注說，悅在內心，樂則見於外。

學而時習之，不亦說乎

(7) 人不知：此句不完整，沒有說出人不知道什麼。缺少賓語。一般而言，知，是了解的意思。人不知，是說別人不了解自己。

(8) 慍：音ㄩㄣˋ，惱怒，怨恨。

(9) 君子：《論語》書中的君子，有時指有德者，有時指有位者。此處指孔子理想中具有高尚人格的人。

【譯文】

　　孔子說：「學了又時常複習和練習，不是很愉快嗎？有志同道合的朋友從遠方來，不是很令人高興的嗎？人家不了解我，我也不怨恨、惱怒，不也是一個有德的君子嗎？」

學而時習之不亦說乎
有朋自遠方來不亦樂
乎人不知而不慍不亦
君子乎

學而時習之,不亦說乎

弟子入則孝，出則悌

　　子曰：「弟子入則孝，出則悌，謹而信，泛愛眾而親仁，行有餘力，則以學文。」

《論語・學而》

【注釋】

(1) 弟子：一般有兩種意義：一是年紀較小為人弟和為人子的人；二是指學生。這裡是用第一種意義上的「弟子」。

(2) 入：古時候父子分別住在不同的居處，學習則在外舍。《禮記・內則》：「由命士以上，父子皆異宮」。入是入父宮，指進到父親住處，或說在家。

(3) 出：與「入」相對而言，指外出拜師學習。出則悌，是說要用悌道對待師長，也可泛指年長於自己的人。

(4) 謹：寡言少語稱之為謹。

(5) 泛：音ㄈㄢˋ，廣泛的意思。

(6) 仁：仁即仁人，有仁德之人。

(7) 行有餘力：指有閒暇的時間。

(8) 文：古代文獻。主要有詩、書、禮、樂等文化知識。

弟子入則孝,出則悌

【譯文】

　　孔子說:「弟子們在父母跟前,要孝順父母;出門在外,要順從師長,言行要謹慎,要誠實可信,寡言少語,要廣泛地去愛眾人,親近那些有仁德的人。這樣躬行實踐之後,還有餘力的話,就再去學習文獻知識。」

弟子入则孝出则弟谨而信泛爱众而亲仁行有余力则以学文

弟子入則孝，出則悌

君子不重則不威，學則不固

　　子曰：「君子不重則不威，學則不固。主忠信，無友不如己者，過則勿憚改。」

《論語・學而》

【注釋】

(1) 君子：這個詞一直貫穿於本段始終，因此這裡應當有一個斷句。

(2) 重：莊重、自持。

(3) 學則不固：有兩種解釋：一是作堅固解，與上句相連，不莊重就沒有威嚴，所學也不堅固；二是作固陋解，喻人見聞少，學了就可以不固陋。

(4) 主忠信：以忠信為主。

(5) 無：通毋，「不要」的意思。

(6) 不如己：一般解釋為不如自己。另一種解釋說，「不如己者，不類乎己，所謂『道不同不相為謀』也。」把「如」解釋為「類似」。後一種解釋更為符合孔子的原意。

君子不重則不威,學則不固

(7) 過:過錯、過失。

(8) 憚:音ㄉㄢˋ,害怕、畏懼。

【譯文】

　　孔子說:「君子,不莊重就沒有威嚴;學習可以使人不閉塞;要以忠信為主,不要和自己不同道的人交朋友;有了過錯,就不要怕改正。」

君子不重則不威學則不固主忠信無友不如己者過則勿憚改

君子不重則不威,學則不固

君子食無求飽,居無求安

　　子曰:「君子食無求飽,居無求安。敏於事而慎於言,就有道而正焉。可謂好學也已。」

《論語‧學而》

【注釋】

(1) 就:靠近、看齊。

(2) 有道:指有道德的人。

(3) 正:匡正、端正。

【譯文】

　　孔子說:「君子,飲食不要求飽足,居住不要求舒適,對工作勤勞敏捷,說話要小心謹慎,常接近有道德修養的人以匡正自己,這樣可以說是好學了。」

君子食無求飽，居無求安

君子食无求飽居無求安敏扵事而慎扵言就有道而正焉可謂好學也已

不患人之不己知,患不知人也

子曰:「不患人之不己知,患不知人也。」

《論語・學而》

【注釋】

(1) 患:憂慮、怕。
(2) 人:指有教養、有知識的人。

【譯文】

孔子說:「不怕別人不了解自己,只怕自己不了解別人。」

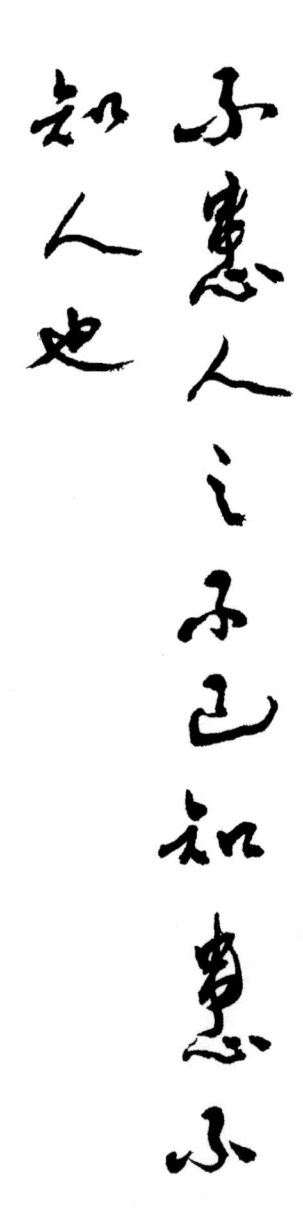

不患人之不己知,患不知人也

為政以德，譬如北辰

子曰：「為政以德，譬如北辰，居其所，而眾星共之。」

《論語・為政》

【注釋】

(1) 為政以德：以，用的意思。此句是說執政者應以道德治理國家，即「德治」。
(2) 北辰：北極星。
(3) 所：處所，位置。
(4) 共：同拱，環繞的意思。

【譯文】

孔子說：「（國君）以道德教化來治理政事，就會像北極星那樣，自己居於一定的方位，而群星都會環繞在周圍。」

為政以德，譬如北辰

為政以德，譬如北辰，居其所而眾星共之

詩三百，一言以蔽之

子曰：「詩三百，一言以蔽之，曰：『思無邪』。」

《論語・為政》

【注釋】

(1) 詩三百：詩，指《詩經》一書，此書實有305篇，三百只是舉其整數。
(2) 蔽：概括的意思。
(3) 思無邪：此為《詩經・魯頌》上的一句，此處的「思」作思想解。無邪，一解為「純正」，一解為「直」，後者較妥。

【譯文】

孔子說：「《詩經》三百篇，可以用一句話來概括它，就是『思想純正』。」

詩三百,一言以蔽之

詩三百 一言以蔽之曰思無邪

道之以政，齊之以刑

子曰：「道之以政，齊之以刑，民免而無恥。道之以德，齊之以禮，有恥且格。」

《論語・為政》

【注釋】

(1) 道：有兩種解釋：一為「引導」；二為「治理」。前者較為妥貼。
(2) 齊：整齊、約束。
(3) 免：避免、躲避。
(4) 恥：羞恥之心。
(5) 格：有兩種解釋：一為「至」；二為「正」。

【譯文】

孔子說：「用法制禁令引導老百姓，用刑法約束老百姓，老百姓只求得免於犯罪受懲，卻失去了廉恥之心；用道德教化引導百姓，用禮制規範老百姓的言行，老百姓不僅會有羞恥之心，而且也會守規矩。」

道之以政，齊之以刑

道之以政齊之以刑民免
而無恥道之以德齊之
以禮有恥且格

吾十有五而志於學，三十而立

子曰：「吾十有五而志於學，三十而立，四十而不惑，五十而知天命，六十而耳順，七十而從心所欲不逾矩。」

《論語・為政》

【注釋】

(1) 有：同「又」。

(2) 立：站得住的意思。

(3) 不惑：掌握了知識，不被外界事物所迷惑。

(4) 天命：指不能為人力所支配的事情。

(5) 耳順：對此有多種解釋。一般而言，指對那些於己不利的意見也能正確對待。

(6) 從心所欲不逾矩：從，遵從的意思；逾，越過；矩，規矩。

【譯文】

孔子說：「我十五歲立志於學習；三十歲能夠自立；四十歲能不被外界事物所迷惑；五十歲懂得了天命；六十歲能正確對待各種言論，不覺得不順；七十歲能隨心所欲而不越出規矩。」

吾十有五而志於學，三十而立

吾十有五而志於學，三十而立，四十而不惑，五十而知天命，六十而耳順，七十而從心所欲不踰矩。

溫故而知新，可以為師矣

子曰：「溫故而知新，可以為師矣。」

《論語・為政》

【注釋】

(1) 溫故而知新：故，已經過去的。新，剛剛學到的知識。

【譯文】

孔子說：「在複習舊知識時，能有新體會、新發現，那麼就可以當老師了。」

溫故而知新,可以為師矣

學而不思則罔，思而不學則殆

子曰：「學而不思則罔，思而不學則殆。」

《論語・為政》

【注釋】

(1) 罔：迷惑、糊塗。

(2) 殆；疑惑、危險。

【譯文】

孔子說：「只讀書學習，而不思考問題，就會惘然無知而沒有收穫；只空想而不讀書學習，就會疑惑而不能肯定。」

學而不思則罔，思而不學則殆

多聞闕疑，慎言其餘

　　子曰：「多聞闕疑，慎言其餘，則寡尤；多見闕殆，慎行其餘，則寡悔。言寡尤，行寡悔，祿在其中矣。」

《論語・為政》

【注釋】

(1) 闕：缺。此處意為放置在一旁。
(2) 疑：懷疑。
(3) 寡尤：寡，少的意思。尤，過錯。

【譯文】

　　孔子說：「要多聽，有懷疑的先不說，其餘有把握的，也要謹慎地說出來，這樣就可以少犯錯誤；要多看，有懷疑的先不做，其餘有把握的，也要謹慎地去做，就能減少後悔。說話少過失，做事少後悔，官職俸祿就在這裡了。」

多聞闕疑，慎言其餘

多聞闕疑慎言其餘則寡尤多見闕殆慎行其餘則寡悔言寡尤行寡悔祿在其中矣

人而無信，不知其可也

　　子曰：「人而無信，不知其可也。大車無輗，小車無軏，其何以行之哉？」

《論語・為政》

【注釋】

(1) 輗：音ㄋㄧˊ，古代大車車轅前面橫木上的木銷子。大車指的是牛車。
(2) 軏：音ㄩㄝˋ，古代小車車轅前面橫木上的木銷子。沒有輗和軏，車就不能走。

【譯文】

　　孔子說：「一個人不講信用，是根本不可以的。就好像大車沒有輗、小車沒有軏一樣，它靠什麼行走呢？」

人而無信，不知其可也

人而無信不知其可也大車無輗小車無軏其何以行之哉

人而不仁,如禮何

子曰:「人而不仁,如禮何!人而不仁,如樂何!」

《論語・八佾》

【注釋】

(1) 仁:仁德。
(2) 禮:禮節、禮儀。

【譯文】

孔子說:「一個人沒有仁德,他怎麼能實行禮呢?一個人沒有仁德,他怎麼能運用樂呢?」

人而不仁,如禮何

人而不仁如禮何
人而不仁如樂何

關雎,樂而不淫

子曰:「關雎,樂而不淫,哀而不傷。」

《論語・八佾》

【注釋】

(1) 〈關雎〉:雎,音ㄐㄩ。《詩經》的第一篇,寫一君子「追求」淑女,思念時輾轉反側,寤寐思之的憂思,以及結婚時鐘鼓樂之琴瑟友之的歡樂。

【譯文】

孔子說:「〈關雎〉這篇詩,快樂而不放蕩,憂愁而不哀傷。」

關雎，樂而不淫

關雎樂而不淫
哀而不傷

里仁為美。擇不處仁

子曰：「里仁為美。擇不處仁，焉得知！」

《論語・里仁》

【注釋】

(1) 里仁為美：里，住處，借作動詞用。住在有仁者的地方才好。
(2) 處：居住。
(3) 知：音ㄓˋ，同智。

【譯文】

孔子說：「跟有仁德的人住在一起，才是好的。如果你選擇的住處不是跟有仁德的人在一起，怎麼能說你是明智的呢？」

里仁為美。擇不處仁

里仁為美 擇不處仁 焉得知

不仁者不可以久處約，
不可以長處樂

　　子曰：「不仁者不可以久處約，不可以長處樂。仁者安仁，知者利仁。」

《論語・里仁》

【注釋】

(1) 約：窮困、困窘。
(2) 安仁、利仁：安仁是安於仁道；利仁，認為仁有利自己才去行仁。

【譯文】

　　孔子說：「沒有仁德的人不能長久地處在貧困中，也不能長久地處在安樂中。仁人是安於仁道的，有智慧的人則是知道仁對自己有利才去行仁的。」

不仁者不可以久處約，不可以長處樂

不仁者不可以久處約不可以長處樂仁者安仁知者利仁

富與貴，是人之所欲也

　　子曰：「富與貴，是人之所欲也，不以其道得之，不處也。貧與賤，是人之所惡也，不以其道得之，不去也。君子去仁，惡乎成名？君子無終食之間違仁，造次必於是，顛沛必於是。」

《論語・里仁》

【注釋】

(1) 富：富裕。

(2) 貴：顯貴。

(3) 違仁：違背仁德。

(4) 顛沛：漂泊流離。

【譯文】

　　孔子說：「富裕和顯貴是人人都想要得到的，但不用正當的方法得到它，就不會得到真正的享受；貧窮與低賤是人人都厭惡的，但不用正當的方法去擺脫它，就不會擺脫得掉。君子如果離開了仁德，又怎麼能叫君子呢？君子沒有一頓飯的時間背離仁德的，就是在最緊迫的時刻，也必須按照仁德辦事，就是在顛沛流離的時候，也一定會按仁德去辦事的。」

富與貴,是人之所欲也

富與貴是人之所欲也不以其道得之不處也貧與賤是人之所惡也不以其道得之不去也君子去仁惡乎成名君子無終食之間違仁造次必於是顛沛必于是

君子懷德，小人懷土

子曰：「君子懷德，小人懷土。君子懷刑，小人懷惠。」

《論語・里仁》

【注釋】

(1) 懷：思念、關心。

(2) 土：鄉土田宅。

(3) 刑：法度典範。

【譯文】

　　孔子說：「君子關心的是道德教化，小人關心的是鄉土田宅；君子關心的是法度典範，小人關心的是實際的好處。」

君子懷德，小人懷土

君子懷德小人懷土
君子懷刑小人懷惠

君子喻於義，小人喻於利

子曰：「君子喻於義，小人喻於利。」

《論語・里仁》

【注釋】

(1) 喻：明白。

(2) 義：大義。

(3) 利：小利。

【譯文】

孔子說：「君子明白大義，小人只知道小利。」

君子喻於義，小人喻於利

見賢思齊焉，見不賢而內自省也

子曰：「見賢思齊焉，見不賢而內自省也。」

《論語·里仁》

【注釋】

(1) 賢：賢德。

(2) 齊：看齊。

(3) 內自省：內心自我反省。

【譯文】

　　孔子說：「見到賢人，就應該向他學習、看齊，見到不賢的人，就應該自我反省有沒有與他相類似的錯誤。」

見賢思齊焉，見不賢而內自省也

事父母幾諫,見志不從

子曰:「事父母幾諫,見志不從,又敬不違,勞而不怨。」

《論語・里仁》

【注釋】

(1) 幾:音ㄐㄧ,輕微、婉轉的意思。
(2) 勞:憂愁、煩勞的意思。

【譯文】

孔子說:「侍奉父母,(如果父母有不對的地方),要委婉地勸說他們。(自己的意見表達了,)見父母不聽勸說,還是要對他們恭恭敬敬,並不違抗,替他們操勞而不怨恨。」

事父母幾諫,見志不從

事父母幾諫見志不從又敬不違勞而不怨

君子欲訥於言而敏於行

子曰:「君子欲訥於言而敏於行。」

《論語・里仁》

【注釋】

(1) 訥:遲鈍。這裡指說話要謹慎。
(2) 敏:敏捷、快速的意思。

【譯文】

孔子說:「君子說話要謹慎,而行動要敏捷。」

君子欲訥於言而敏於行

始吾於人也，聽其言而信其行

　　子曰：「始吾於人也，聽其言而信其行，今吾於人也，聽其言而觀其行。」

《論語・公冶長》

【譯文】

　　孔子說：「起初我對於人，是聽了他說的話便相信了他的行為；現在我對於人，聽了他講的話還要觀察他的行為。」

始吾於人也，聽其言而信其行

始吾於人也，聽其言而信其行，今吾於人也，聽其言而觀其行

敏而好學，不恥下問

子曰：「敏而好學，不恥下問，是以謂之『文』也。」

《論語・公冶長》

【注釋】

(1) 敏：敏捷、勤勉。

【譯文】

孔子說：「聰敏勤勉而好學，不以向比他地位卑下的人請教為恥，所以給他諡號叫『文』。」

敏而好學，不恥下問

敏而好學不恥下問是以謂之文也

老者安之，朋友信之

子曰：「老者安之，朋友信之，少者懷之。」

《論語・公冶長》

【注釋】

(1) 安：安心。

(2) 信：信任。

(3) 懷：關懷。

【譯文】

　　孔子說：「讓年老者安心，讓朋友信任我，讓年輕的子弟們得到關懷。」

老者安之，朋友信之

老者安之朋友信之
少者懷之

夫仁者,己欲立而立人

子曰:「夫仁者,己欲立而立人,己欲達而達人。能近取譬,可謂仁之方也已。」

《論語‧雍也》

【注釋】

(1) 夫:句首發語詞。
(2) 能近取譬:能夠就自身打比方。即推己及人的意思。

【譯文】

孔子說:「至於仁人,就是要想自己站得住,也要幫助人家一同站得住;要想自己過得好,也要幫助人家一同過得好。凡事能就近以自己作比,而推己及人,可以說就是實行仁的方法了。」

夫仁者，己欲立而立人

夫仁者己欲立而立人己欲達而達人能近取譬可謂仁之方也已

質勝文則野，文勝質則史

子曰：「質勝文則野，文勝質則史，文質彬彬，然後君子。」

《論語・雍也》

【注釋】

(1) 質：樸實、自然，無修飾的。

(2) 文：文采，經過修飾的。

(3) 野：此處指粗魯、鄙野，缺乏文彩。

(4) 史：言詞華麗，這裡有虛偽、浮誇的意思。

(5) 彬彬：指文與質的配合很恰當。

【譯文】

孔子說：「質樸多於文采，就容易流於粗俗；文采多於質樸，就流於虛偽、浮誇。只有質樸和文采配合恰當，才是個君子。」

質勝文則野，文勝質則史

質勝文則野文勝質則史文質彬彬然後君子

務民之義，敬鬼神而遠之

子曰：「務民之義，敬鬼神而遠之，可謂知矣。」

《論語・雍也》

【注釋】

(1) 務：從事、致力於。

(2) 義：專用力於人道之所宜。

【譯文】

孔子說：「專心致力於（提倡）老百姓應該遵從的道德，尊敬鬼神但要遠離它，就可以說是智了。」

務民之義，敬鬼神而遠之

務民之義敬鬼神而遠之可謂知矣

知者樂水，仁者樂山

　　子曰：「知者樂水，仁者樂山；知者動，仁者靜；知者樂，仁者壽。」

《論語・雍也》

【注釋】

(1) 知者樂水，仁者樂山：「知」，音ㄓˋ，同「智」；樂，古音一ㄠˋ，喜愛的意思。

【譯文】

　　孔子說：「聰明人喜愛水，有仁德者喜愛山；聰明人活動，仁德者沉靜。聰明人快樂，有仁德者長壽。」

知者樂水，仁者樂山

知者樂水仁者樂山知者動仁者靜知者樂仁者壽

默而識之,學而不厭

子曰:「默而識之,學而不厭,誨人不倦,何有於我哉!」

《論語・述而》

【注釋】

(1) 識:音ㄓˋ,記住的意思。

(2) 誨:教誨。

(3) 何有於我哉:對我有什麼難呢?

【譯文】

孔子說:「默默地記住(所學的知識),學習不覺得厭煩,教人不知道疲倦,這對我有什麼因難呢?」

默而識之，學而不厭

默而識之 學而不厭 誨人不倦 何有於我哉

德之不修，學之不講

　　子曰：「德之不修，學之不講，聞義不能徙，不善不能改，是吾憂也。」

《論語・述而》

【注釋】

(1) 徙：音ㄒㄧˇ，遷移。此處指靠近義、做到義。

【譯文】

　　孔子說：「（許多人）品德不去修養，學問不去講求，聽到義不能去做，有了不善的事不能改正，這些都是我所憂慮的事情。」

德之不修,學之不講

德之不修,學之不講,聞義不能徙,不善不能改,是吾憂也。

志於道，據於德

子曰：「志於道，據於德，依於仁，游於藝。」

《論語・述而》

【注釋】

(1) 德：舊注云：德者，得也。能把道貫徹到自己心中而不失掉就叫德。
(2) 藝：指孔子教授學生的禮、樂、射、御、書、數等六藝，都是日常所用。

【譯文】

孔子說：「以道為志向，以德為根據，以仁為憑藉，活動於（禮、樂等）六藝的範圍之中。」

志於道，據於德

志于道據于德依于仁游于藝

不憤不啟，不悱不發

　　子曰：「不憤不啟，不悱不發，舉一隅不以三隅反，則不復也。」

《論語·述而》

【注釋】

(1) 憤：苦思冥想而仍然領會不了的樣子。

(2) 悱：ㄈㄟˇ 想說又不能明確說出來的樣子。

(3) 隅：音ㄩˊ，角落。

【譯文】

　　孔子說：「教導學生，不到他想弄明白而不得的時候，不去開導他；不到他想出來卻說不出來的時候，不去啟發他。教給他一個方面的東西，他卻不能由此而推知其他三個方面的東西，那就不再教他了。」

不憤不啟，不悱不發

不憤不啟不悱不發舉一隅不以三隅反則不復也

飯疏食，飲水

子曰：「飯疏食，飲水，曲肱而枕之，樂亦在其中矣。不義而富且貴，於我如浮雲。」

《論語・述而》

【注釋】

(1) 飯疏食，飯，這裡是「吃」的意思，作動詞。疏食即粗糧。
(2) 曲肱：肱，音ㄍㄨㄥ，胳膊，由肩至肘的部位。曲肱，即彎著胳膊。

【譯文】

孔子說：「吃粗糧，喝白水，彎著胳膊當枕頭，樂趣也就在這中間了。用不正當的手段得來的富貴，對於我來講就像是天上的浮雲一樣。」

飯疏食,飲水

飯疏食飲水曲肱而枕之
樂亦在其中矣不義
而富且貴于我如浮雲

我非生而知之者,好古

子曰:「我非生而知之者,好古,敏以求之者也。」

《論語‧述而》

【注釋】

(1) 好古:愛好古代的東西
(2) 敏:勤奮敏捷。

【譯文】

孔子說:「我不是生來就有知識的人,而是愛好古代的東西,勤奮敏捷地去求得知識的人。」

我非生而知之者，好古

我非生而知之者，好古敏以求之者也

三人行,必有我師焉

　　子曰:「三人行,必有我師焉,擇其善者而從之,其不善者而改之。」

《論語・述而》

【注釋】

(1) 擇:選擇。

【譯文】

　　孔子說:「三個人一起走路,其中必定有人可以做我的老師。我選擇他善的品德向他學習,看到他不善的地方就作為借鑑,改掉自己的缺點。」

三人行，必有我師焉

三人行必有我師焉擇其善者而從之擇其不善者而改之

奢則不孫,儉則固

子曰:「奢則不孫,儉則固。與其不孫也,寧固。」

《論語・述而》

【注釋】

(1) 奢:奢侈。
(2) 孫:同遜,恭順。不孫,即為不順,這裡的意思是「越禮」。
(3) 固:簡陋、鄙陋。這裡是寒酸的意思。

【譯文】

孔子說:「奢侈了就會越禮,節儉了就會寒酸。與其越禮,寧可寒酸。」

奢則不孫，儉則固

奢則不孫，儉則固，與其不孫也寧固

君子坦蕩蕩，小人長戚戚

子曰：「君子坦蕩蕩，小人長戚戚。」

《論語・述而》

【注釋】

(1) 坦蕩蕩：心胸寬廣、開闊、容忍。
(2) 長戚戚：經常憂愁、煩惱的樣子。

【譯文】

孔子說：「君子心胸寬廣，小人經常憂愁。」

君子坦蕩蕩，小人長戚戚

恭而無禮則勞，慎而無禮則葸

　　子曰：「恭而無禮則勞，慎而無禮則葸，勇而無禮則亂，直而無禮則絞。君子篤於親，則民興於仁，故舊不遺，則民不偷。」

《論語・泰伯》

【注釋】

(1) 勞：辛勞，勞苦。

(2) 葸：音ㄒㄧˇ，拘謹，畏懼的樣子。

(3) 絞：說話尖刻，出口傷人。

(4) 篤：厚待、真誠。

(5) 故舊：故交，老朋友。

(6) 偷：淡薄。

【譯文】

　　孔子說：「只是恭敬而不以禮來指導，就會徒勞無功；只是謹慎而不以禮來指導，就會畏縮拘謹；只是勇猛而不以禮來指導，就會說話尖刻。在上位的人如果厚待自己的親屬，老百姓當中就會興起仁的風氣；君子如果不遺棄老朋友，老百姓就不會對人冷漠無情了。」

恭而無禮則勞，慎而無禮則葸

恭而無禮則勞慎而無禮則葸勇而無禮則亂直而無禮則絞君子篤於親則民興於仁故舊不遺則民不偷

三軍可奪帥也,匹夫不可奪志也

子曰:「三軍可奪帥也,匹夫不可奪志也。」

《論語・子罕》

【注釋】

(1) 三軍:12,500 人為一軍,三軍包括大國所有的軍隊。此處言其多。
(2) 匹夫:平民百姓,主要指男子。

【譯文】

孔子說:「一國軍隊,可以奪去它的主帥;但一個男子漢,他的志向是不能強迫改變的。」

三軍可奪帥也，匹夫不可奪志也

歲寒，然後知松柏之後凋也

子曰：「歲寒，然後知松柏之後凋也。」

《論語・子罕》

【注釋】

(1) 松柏：松樹、柏樹。以此比喻君子，有骨氣、有遠大志向，不隨波逐流，而且能夠經受各式各樣的嚴峻考驗。

【譯文】

孔子說：「到了寒冷的季節，才知道松柏是最後凋謝的。」

歲寒,然後知松柏之後凋也

知者不惑，仁者不憂

子曰：「知者不惑，仁者不憂，勇者不懼。」

《論語・子罕》

【注釋】

(1) 知：智也；仁：仁慈；勇：勇敢。《禮記・中庸》說：「知、仁、勇，三者天下之達德也。」孔子希望自己的學生能具備這三德，成為真正的君子。

【譯文】

孔子說：「聰明人不會迷惑，有仁德的人不會憂愁，勇敢的人不會畏懼。」

知者不惑，仁者不憂

知者不惑 仁者不憂 勇者不懼

可與共學，未可與適道

　　子曰：「可與共學，未可與適道；可與適道，未可與立；可與立，未可與權。」

《論語・子罕》

【注釋】

(1) 適道：適，往。這裡是志於道，追求道的意思。

(2) 立：堅持道而不變。

(3) 權：秤錘。這裡引申為權衡輕重。

【譯文】

　　孔子說：「可以一起學習的人，未必都能學到道；能夠學到道的人，未必能夠堅守道；能夠堅守道的人，未必能夠隨機應變。」

可與共學，未可與適道

可与共学未可与適道未可与立可与立未可与權

博學於文，約之以禮

子曰：「博學於文，約之以禮，亦可以弗畔矣夫。」

《論語・顏淵》

【注釋】

(1) 約：一種釋為約束；一種釋為簡要。

(2) 畔：同「叛」。

(3) 矣夫：語氣詞，表示較強烈的感嘆。

【譯文】

孔子說：「君子廣泛地學習古代的文化典籍，又以禮來約束自己，也就可以不離經叛道了。」

博學於文，約之以禮

博學于文約之以禮亦可以弗畔矣夫

君子成人之美,不成人之惡

子曰:「君子成人之美,不成人之惡。小人反是。」

《論語・顏淵》

【譯文】

孔子說:「君子成全別人的好事,而不助長別人的惡處。小人則與此相反。」

君子成人之美，不成人之惡

舉直錯諸枉,能使枉者直

子曰:「舉直錯諸枉,能使枉者直。」

《論語・顏淵》

【注釋】

(1) 舉直錯諸枉:錯,同「措」,放置。諸,是「之於」二字的合音。枉,不正直,邪惡。意為選拔直者,罷黜枉者。

【譯文】

孔子說:「選拔正直的人,罷黜邪惡的人,這樣就能使邪者歸正。」

舉直錯諸枉，能使枉者直

名不正則言不順，言不順則事不成

　　子曰：「名不正則言不順，言不順則事不成，事不成則禮樂不興，禮樂不興則刑罰不中，刑罰不中，則民無所措手足。故君子名之必可言也，言之必可行也。君子於其言，無所苟而已矣。」

《論語・子路》

【注釋】

(1) 中：得當。

(2) 苟：苟且，馬馬虎虎。

【譯文】

　　孔子說：「名分不正，說起話來就不順當合理，說話不順當合理，事情就辦不成。事情辦不成，禮樂也就不能興盛。禮樂不能興盛，刑罰的執行就不會得當。刑罰不得當，百姓就不知怎麼辦好。所以，君子一定要定下一個名分，必須能夠說得明白，說出來一定能夠行得通。君子對於自己的言行，是從不馬馬虎虎對待的。」

名不正則言不順，言不順則事不成

名不正則言不順，言不順則事不成，事不成則禮樂不興，禮樂不興則刑罰不中，刑罰不中則民無所措手足。故君子名之必可言也，言之必可行也。君子於其言，無所苟而已矣。

其身正,不令而行

子曰:「其身正,不令而行;其身不正,雖令不從。」

《論語・子路》

【譯文】

孔子說:「自身正了,即使不發布命令,老百姓也會去幹;自身不正,即使發布命令,老百姓也不會服從。」

其身正,不令而行

其身正,不令而行;其身不正,雖令不從

無欲速，無見小利

　　子曰：「無欲速，無見小利，欲速則不達，見小利則大事不成。」

《論語・子路》

【譯文】

　　孔子說：「不要求快，不要貪求小利。求快反而達不到目的，貪求小利就做不成大事。」

無欲速,無見小利

無欲速,無見小利,欲速則不達,見小利則大事不成

君子和而不同,小人同而不和

子曰:「君子和而不同,小人同而不和。」

《論語・子路》

【注釋】

(1) 和:不同的東西和諧地配合叫做和,各方面之間彼此不同。
(2) 同:相同的東西相加或與人相混同,叫做同。各方面之間完全相同。

【譯文】

　　孔子說:「君子講求和諧、協調而又尊重不同的事物與意見。小人只求完全一致,而不講求協調。」

君子和而不同,小人同而不和

君子易事而難說也

子曰:「君子易事而難說也。說之不以道,不說也;及其使人也,器之。小人難事而易說也。說之雖不以道,說之;及其使人也,求備焉。」

《論語‧子路》

【注釋】

(1) 易事:易於與人相處共事。
(2) 難說:難於取得他的歡喜。
(3) 器之:量才使用他。

【譯文】

孔子說:「為君子辦事很容易,但很難取得他的歡心。不按正道去討他的歡心,他是不會喜歡的。但是,當他使用人的時候,總是量才而用人;為小人辦事很難,但要取得他的歡心則是很容易的。不按正道去討他的歡心,也會得到他的喜歡。但等到他使用人的時候,卻是求全責備,一點也不寬容。」

君子易事而難說也

君子易事而難說之，不以道不說也，及其使人也，器之。小人難事而易說也，說之雖不以道說也，及其使人也，求備焉。

君子泰而不驕，小人驕而不泰

子曰：「君子泰而不驕，小人驕而不泰。」

《論語・子路》

【注釋】

(1) 泰：泰然、安詳。

(2) 驕：驕傲、傲慢無禮。

【譯文】

　　孔子說：「君子安靜坦然而不傲慢無禮，小人傲慢無禮而不安靜坦然。」

君子泰而不驕，小人驕而不泰

古之學者為己,今之學者為人

子曰:「古之學者為己,今之學者為人。」

《論語・憲問》

【譯文】

孔子說:「古代的人學習是為了提升自己,而現在的人學習是為了給別人看。」

古之學者為己，今之學者為人

不逆詐,不億不信

子曰:「不逆詐,不億不信,抑亦先覺者,是賢乎!」

《論語・憲問》

【注釋】

(1) 逆:預先猜測。

(2) 億:同「臆」,猜測的意思。

【譯文】

孔子說:「不預先懷疑別人欺詐,也不猜測別人不誠實,然而能事先覺察別人的欺詐和不誠實,這就是賢人了。」

不逆詐,不億不信

不逆詐不億不信抑亦先覺者是為賢乎

何以報德？以直報怨

子曰：「何以報德？以直報怨，以德報德。」

《論語・憲問》

【譯文】

孔子說：「用什麼來報答恩德呢？應該是用正直來報答怨恨，用恩德來報答恩德。」

何以報德?以直報怨

不怨天,不尤人

子曰:「不怨天,不尤人,下學而上達,知我者其天乎!」

《論語・憲問》

【注釋】

(1) 尤:責怪、怨恨。

(2) 下學上達:下學學人事,上達達天命。

【譯文】

孔子說:「我不埋怨天,也不責備人,下學禮樂而上達天命,了解我的只有天吧!」

不怨天，不尤人

不怨天不尤人下學而上达知我者其天乎

可與言而不與之言,失人

子曰:「可與言而不與之言,失人;不可與言而與之言,失言。知者不失人,亦不失言。」

《論語·衛靈公》

【注釋】

(1) 言:談話。

(2) 失言:說錯話。

【譯文】

孔子說:「可以同他談的話,卻不同他談,這就是失掉了朋友;不可以同他談的話,卻同他談,這就是說錯了話。有智慧的人既不失去朋友,又不說錯話。」

可與言而不與之言，失人

可與言而不與之言失人
不可與言而與之言失言
知者不失人亦不失言

志士仁人，無求生以害仁

子曰：「志士仁人，無求生以害仁，有殺身以成仁。」

《論語‧衛靈公》

【注釋】

(1) 殺身成仁：犧牲自己的性命來成全仁義。

【譯文】

孔子說：「志士仁人，沒有貪生怕死而損害仁的，只有犧牲自己的性命來成全仁義的。」

志士仁人，無求生以害仁

志士仁人，無求生以害仁，有殺身以成仁

工欲善其事，必先利其器

子曰：「工欲善其事，必先利其器。居是邦也，事其大夫之賢者，友其士之仁者。」

《論語・衛靈公》

【譯文】

孔子說：「做工的人想把事情做好，必須首先使他的工具鋒利。住在這個國家，就要侍奉大夫中的那些賢者，與士人中的仁者交朋友。」

工欲善其事，必先利其器

工欲善其事必先利其器居是邦也事其大夫之賢者友其士之仁者

人無遠慮，必有近憂

子曰：「人無遠慮，必有近憂。」

《論語・衛靈公》

【譯文】

孔子說：「人沒有長遠的考慮，一定會有眼前的憂患。」

人無遠慮，必有近憂

君子義以為質，禮以行之

子曰：「君子義以為質，禮以行之，孫以出之，信以成之。君子哉！」

【譯文】

孔子說：「君子以義作為根本，用禮加以推行，用謙遜的語言來表達，用忠誠的態度來完成，這就是君子啊！」

君子義以為質，禮以行之

君子義以為質禮以行之孫以出之信以成之君子哉

君子矜而不爭，群而不黨

子曰：「君子矜而不爭，群而不黨。」

《論語・衛靈公》

【注釋】

(1) 矜：莊重的意思。

【譯文】

孔子說：「君子莊重而不與別人爭執，合群而不結黨營私。」

君子矜而不爭，群而不黨

君子不以言舉人,不以人廢言

子曰:「君子不以言舉人,不以人廢言。」

《論語・衛靈公》

【譯文】

　　孔子說:「君子不憑一個人說的話來舉薦他,也不因為一個人有缺點而不採納他的好話。」

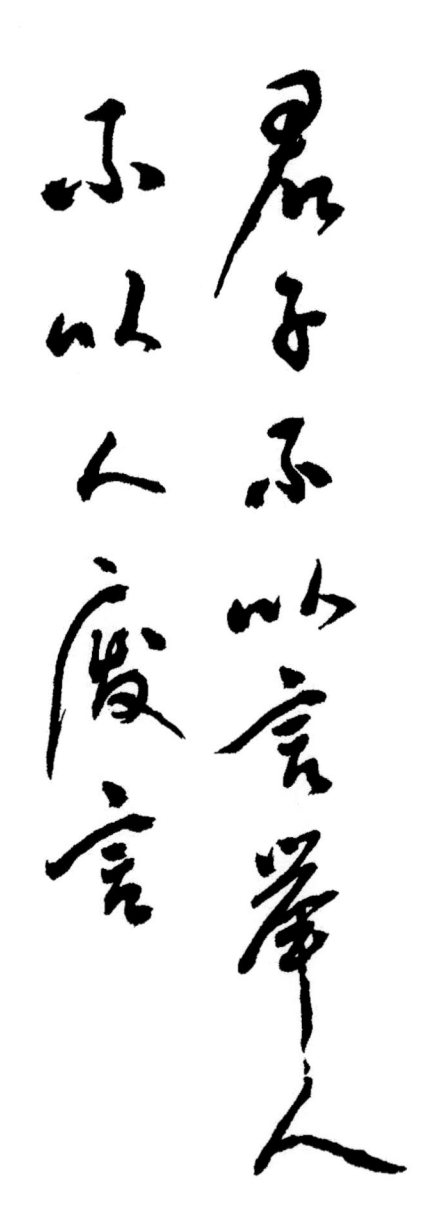

君子不以言舉人，不以人廢言

其恕乎！己所不欲

子曰：「其恕乎！己所不欲，勿施於人。」

《論語・衛靈公》

【譯文】

孔子說：「那就是恕吧！自己不願意的，不要強加給別人。」

其恕乎！己所不欲

其恕乎己所不欲勿施於人

巧言亂德，小不忍則亂大謀

子曰：「巧言亂德，小不忍則亂大謀。」

《論語·衛靈公》

【譯文】

　　孔子說：「花言巧語就敗壞人的德行，小事情不忍耐，就會敗壞大事情。」

巧言亂德，小不忍則亂大謀

君子謀道不謀食

　　子曰:「君子謀道不謀食。耕者,餒在其中矣;學也,祿在其中矣。君子憂道不憂貧。」

《論語・衛靈公》

【注釋】

(1) 餒:饑餓。
(2) 祿:做官的俸祿。

【譯文】

　　孔子說:「君子只謀求學道行道,不謀求衣食。耕田,也常要餓肚子;學習,可以得到俸祿。君子只擔心道不能行,不擔心貧窮。」

君子谋道不谋食

君子谋道不谋食，耕也，馁在其中矣；学也，禄在其中矣。君子忧道不忧贫。

有教無類

子曰:「有教無類。」

《論語・衛靈公》

【譯文】

孔子說:「人人都可以接受教育,不分族類門第。」

有教無類

君子不可小知而可大受也

　　子曰:「君子不可小知而可大受也,小人不可大受而可小知也。」

《論語‧衛靈公》

【注釋】

(1) 小知:知,作為的意思,做小事情。

(2) 大受:受,責任,使命的意思,承擔大任。

【譯文】

　　孔子說:「君子不能讓他們做那些小事,但可以讓他們承擔重大的使命。小人不能讓他們承擔重大的使命,但可以讓他們做那些小事。」

君子不可小知而可大受也

君子不可小知而可大受也小人不可大受而可小知也

道不同,不相為謀

子曰:「道不同,不相為謀。」

《論語・衛靈公》

【譯文】

孔子說:「主張不同,不互相商議。」

道不同，不相為謀

道不同不相為謀

益者三友，損者三友

子曰：「益者三友，損者三友。友直，友諒，友多聞，益矣。友便辟，友善柔，友便佞，損矣。」

《論語・季氏》

【注釋】

(1) 諒：誠信。

(2) 便辟：慣於走邪道。

(3) 善柔：善於和顏悅色騙人。

(4) 便佞：慣於花言巧語。

【譯文】

孔子說：「有益的交友有三種，有害的交友有三種。同正直的人交友，同誠信的人交友，同見聞廣博的人交友，這是有益的。同慣於走邪道的人交友，同善於阿諛奉承的人交友，同慣於花言巧語的人交友，這是有害的。」

益者三友,損者三友

益者三友,損者三友,友直友諒友多聞,益也,友便辟友善柔友便佞,損矣

益者三樂，損者三樂

子曰：「益者三樂，損者三樂。樂節禮樂，樂道人之善，樂多賢友，益矣。樂驕樂，樂佚遊，樂宴樂，損矣。」

《論語‧季氏》

【注釋】

(1) 節禮樂：孔子主張用禮樂來節制人。

(2) 驕樂：驕縱不知節制的樂。

(3) 佚：同「逸」。

(4) 宴樂：沉溺於宴飲取樂。

【譯文】

孔子說：「有益的喜好有三種，有害的喜好有三種。以禮樂調節自己為喜好，以稱道別人的好處為喜好，以有許多賢德之友為喜好，這是有益的。喜好驕傲，喜歡閒遊，喜歡大吃大喝，這就是有害的。」

益者三樂，損者三樂

益者三乐損者三樂樂節禮樂樂道人之善樂多賢友益矣樂驕樂樂佚游樂宴樂損矣

君子有三戒

　　子曰:「君子有三戒:少之時,血氣未定,戒之在色;及其壯也,血氣方剛,戒之在鬥;及其老也,血氣既衰,戒之在得。」

《論語・季氏》

【譯文】

　　孔子說:「君子有三種事情應引以為戒:年少的時候,血氣還不成熟,要戒除對女色的迷戀;等到身體成熟了,血氣方剛,要戒除與人爭鬥;等到老年,血氣已經衰弱了,要戒除貪得無厭。」

君子有三戒

君子三戒少之時血氣未定戒之在色及其壯也血氣方剛戒之在鬥及其老也血氣既衰戒之在得

君子有三畏

子曰:「君子有三畏:畏天命,畏大人,畏聖人之言。小人不知天命而不畏也,狎大人,侮聖人之言。」

《論語・季氏》

【譯文】

孔子說:「君子有三件敬畏的事情:敬畏天命,敬畏地位高貴的人,敬畏聖人的話,小人不懂得天命,因而也不敬畏,不尊重地位高貴的人,輕侮聖人之言。」

君子有三畏

君子有三畏畏天命畏大人畏聖人之言小人不知天命而不畏也狎大人侮聖人之言

生而知之者上也，學而知之者次也

子曰：「生而知之者上也，學而知之者次也，困而學之，又其次也。困而不學，民斯為下矣。」

《論語・季氏》

【譯文】

孔子說：「生來就知道的人，是上等人；經過學習以後才知道的，是次一等的人；遇到困難再去學習的，是又次一等的人；遇到困難還不學習的人，這種人就是下等的人了。」

生而知之者上也，學而知之者次也

生而知之者上也，學而知之者次也，困而學之又其次也，困而不學民斯為下矣

君子有九思

　　子曰：「君子有九思：視思明，聽思聰，色思溫，貌思恭，言思忠，事思敬，疑思問，忿思難，見得思義。」

《論語‧季氏》

【譯文】

　　孔子說：「君子有九種要思考的事：看的時候，要思考看清與否；聽的時候，要思考是否聽清楚；自己的臉色，要思考是否溫和，容貌要思考是否謙恭；言談的時候，要思考是否忠誠；辦事要思考是否謹慎嚴肅；遇到疑問，要思考是否應該向別人詢問；憤怒時，要思考是否有後患，獲取財利時，要思考是否合乎義的準則。」

君子有九思

君子有九思视思明听思聪色思温貌思恭言思忠事思敬疑思问忿思难见得思义

見善如不及,見不善如探湯

　　子曰:「見善如不及,見不善如探湯。吾見其人矣,吾聞其語矣。隱居以求其志,行義以達其道,吾聞其語矣,未見其人也。」

《論語・季氏》

【譯文】

　　孔子說:「看到善良的行為,就擔心達不到,看到不善良的行動,就好像把手伸到開水中一樣趕快避開。我見到過這樣的人,也聽到過這樣的話。以隱居避世來保全自己的志向,依照義而貫徹自己的主張。我聽到過這種話,卻沒有見到過這樣的人。」

見善如不及，見不善如探湯

見善如不及見不善如探湯吾見其人矣吾聞其語矣隱居以求其志行義以達其道吾聞其語矣未見其人也

性相近也，習相遠也

子曰：「性相近也，習相遠也。」

《論語・陽貨》

【譯文】

孔子說：「人的本性是相近的，由於習染不同才相互有了差別。」

性相近也，習相遠也

恭寬信敏惠

　　子曰:「恭寬信敏惠。恭則不侮,寬則得眾,信則人任焉,敏則有功,惠則足以使人。」

《論語·陽貨》

【譯文】

　　孔子說:「莊重、寬厚、誠實、勤敏、慈惠。莊重就不致遭受侮辱,寬厚就會得到眾人的擁護,誠信就能得到別人的任用,勤敏就會提高工作效率,慈惠就能夠使喚人。」

恭寬信敏惠

恭寬信敏惠恭則不侮寬則得眾信則人任焉敏則有功惠則足以使人

小子何莫學夫詩

　　子曰：「小子何莫學夫詩？詩，可以興，可以觀，可以群，可以怨。邇之事父，遠之事君。多識於鳥獸草木之名。」

《論語・陽貨》

【注釋】

(1) 興：激發感情的意思。一說是詩的比興。
(2) 觀：觀察了解天地萬物與人間萬象。
(3) 群：合群。
(4) 怨：怨而不怒地諷諫。
(5) 邇：音ㄦˇ，近。

【譯文】

　　孔子說：「學生們為什麼不學習《詩經》呢？學《詩經》可以激發志氣，可以觀察天地萬物及人間的盛衰與得失，可以使人懂得合群的必要，可以使人懂得怎樣怨而不怒地去諷諫。近可以用來侍奉父母，遠可以侍奉君主；還可以多知道一些鳥獸草木的名字。」

小子何莫學夫詩

小子何莫學夫詩 詩可以興 可以觀 可以群 可以怨 邇之事父 遠之事君 多識于鳥獸草木之名

巧言令色，鮮矣仁

子曰：「巧言令色，鮮矣仁。」

《論語・陽貨》

【注釋】

(1) 巧言令色：巧和令都是美好的意思，但此處應釋為裝出和顏悅色的樣子。
(2) 鮮：少的意思。

【譯文】

孔子說：「花言巧語，裝出和顏悅色的樣子，這種人的仁心就很少了。」

巧言令色，鮮矣仁

飽食終日,無所用心

　　子曰:「飽食終日,無所用心,難矣哉!不有博弈者乎,為之,猶賢乎已。」

《論語・陽貨》

【譯文】

　　孔子說:「整天吃飽了飯,什麼心思也不用,真太難了!不是還有擲彩和下棋的遊戲嗎?幹這個,也比閒著好。」

飽食終日，無所用心

飽食終日，無所用心，難矣哉！不有博弈者乎，為之猶賢乎已。

君子惠而不費,勞而不怨

子曰:「君子惠而不費,勞而不怨,欲而不貪,泰而不驕,威而不猛。」

《論語‧堯曰》

【譯文】

孔子說:「君子要給百姓以恩惠而自己卻無所耗費;使百姓勞作而不使他們怨恨;要追求仁德而不貪圖財利;莊重而不傲慢;威嚴而不兇猛。」

君子惠而不費，勞而不怨

君子惠而不費，勞而不怨，欲而不貪，泰而不驕，威而不猛

不知命，無以為君子也

　　子曰：「不知命，無以為君子也；不知禮，無以立也；不知言，無以知人也。」

《論語・堯曰》

【譯文】

　　孔子說：「不懂得天命，就不能做君子；不知道禮儀，就不能立身處世；不善於分辨別人的話語，就不能真正了解他。」

不知命，無以為君子也

不知命無以為君子也不知禮無以立也不知言無以知人也

中英文參考文獻

1. 《論語》，上海開明書店排印《十三經經文》本，1933 年
2. 《論語集解》二十卷，魏何晏集解，上海商務印書館縮印《四部叢刊》1931 年
3. 《論語集注》十卷，宋朱熹集注，中華書局排印本 1957 年
4. 《論語正義》二十四卷，劉寶楠撰，中華書局排印本 1957 年
5. 《論語譯注》楊伯峻，中華書局，1980 年
6. 《論語疏證》二十卷，楊樹達撰，北京科學出版社排印本 1958 年
7. 《論語新解》錢穆，三聯書店，2005 年
8. Ames, Roger T. and Henry Rosemont, Jr. The Analects of Confucius. A philosophical translation by Roger T. Ames, Henry Rosemont, Jr. New York: Ballantine Pub. Group, 1998.
9. Dawson, Raymond. The Analects. Translated by Raymond Dawson. Oxford and New York: Oxford University Press, 1993.

中英文參考文獻

10. Giles, Lionel. The Analects of Confucius. Translated from the Chinese, with an introd. and notes, by Lionel Giles. Illustrated with paintings by Tseng Yu-ho. 1970.

11. Hinton, David. The Analects. Washington, D.C.: Counterpoint, 1998.

12. Huang , Chichung. The Analects of Confucius. A literal translation with an introduction and notes by Chichung Huang. New York: Oxford University Press, 1997.

13. Lau, D.C. The Analects. Translated by D.C. Lau. Hong Kong: Chinese University Press, 1992.

14. Li, David H. The Analects of Counfucius. A new-millennium translation, translated and annotated by David H. Li. Bethesda, Md.: Premier Pub., 1999.

15. Waley, Arthur. The Analects. Translated by Arthur Waley, with an introduction by Sarah Allan. Uniform Title. New York: Knopf, 2000

孔子的一生

孔子（西元前 551 — 前 479），名丘，字仲尼，魯國人。中國春秋末期偉大的思想家、教育家和政治家，儒家學派的創始人。

孔子生年一般按《史記·孔子世家》所記為魯襄公二十二年，而生月生日《史記》未記，按《穀梁傳》所記「十月庚子孔子生」。按當今的西曆，應為西元前 551 年 9 月 8 日生。

孔子生在魯國。魯國素有「禮樂之邦」之稱，對周代文物典籍保存完好。魯國的文化傳統，對孔子思想的形成有很大影響。

孔子早年喪父，家境貧窮。他曾說過：「吾少也賤，故多能鄙事。」年輕時曾做過「委吏」（管理倉廩）與「乘田」（管放牧牛羊）。

孔子十五歲即「志於學」。他善於取法他人，曾說：「三人行，必有我師焉。擇其善者而從之，其不善者而改之。」（《論語·述而》）

孔子「三十而立」，並開始授徒講學，顏路、曾點、子路、伯牛、冉有、子貢、顏淵等，是較早的一批弟子，後來連魯大

孔子的一生

夫孟僖子其子孟懿子和南宮敬叔來學禮,可見孔子辦學已名聞遐邇。私學的創設,打破了「學在官府」的傳統,進一步促進了學術文化的下移。

魯國自宣公以後,政權操在以季氏為首的三桓手中。昭公初年,三家又瓜分了魯君的兵符軍權。孔子曾對季氏「八佾舞於庭」的僭越行為表示憤慨。昭公二十五年(西元前517年)魯國內亂,孔子離魯至齊。

孔子在齊不得志,遂又返魯,「退而修詩書禮樂,弟子彌眾」,從遠方來求學的,幾乎遍及各諸候國。

魯定公九年(西元前501年)孔子才見用於魯,被任為中都宰,是年孔子五十一歲。「行之一年,四方則之」。遂由中都宰遷司空,再升為大司寇。

魯定公十年(西元前500年)齊魯夾谷之會,魯由孔子相禮。孔子認為「有文事者必有武備,有武事者必有文備」,早有防範,使齊君想用武力劫持魯君之預謀未能得逞,並運用外交手段收回被齊侵占的鄆、讙、龜陰之田。

孔子仕魯,齊人聞而懼,恐魯強而並己,乃饋女樂於魯定公與季桓子。季桓子受齊女樂,三日不聽政。孔子政治抱負難以施展,遂帶領顏回、子路、子貢、冉有等十餘弟子離開「父母之邦」,開始了長達十四年之久的周遊列國的顛沛流離生涯。

是年孔子已五十五歲。先至衛國，始受衛靈公禮遇，後又受監視，恐獲罪，將適於陳。過匡地，被圍困五天。解圍後原欲過蒲至晉，因晉內亂而未往，只得又返衛。曾見南子，此事引起多方的猜疑。衛靈公怠於政，不用孔子。孔子說：「苟有用我者，期月而已，三年有成。」後衛國內亂，孔子離衛經曹至宋。宋司馬桓魋欲殺孔子，孔子微服過宋經鄭至陳，是年孔子六十歲。其後孔子往返陳蔡多次，曾「厄於陳蔡之間」。

據《史記》記載：因楚昭王來聘孔子，陳、蔡大夫圍孔子，致使絕糧七日。解圍後孔子至楚，不久楚昭王死。衛出公欲用孔子。孔子答子路問曰，為政必以「正名」為先。返衛後，孔子雖受「養賢」之禮遇，但仍不見用。

魯哀公十一年（西元前 484 年）冉有歸魯，率軍在郎戰勝齊軍。季康子派人迎接孔子。孔子遂歸魯，時孔子年六十八。孔子歸魯後，魯人尊以「國老」，初魯哀公與季康子常以政事相詢，但終不被重用。孔子晚年致力於整理文獻和繼續從事教育。

魯哀公十六年（西元前 479 年）孔子卒，享年七十三歲，葬於魯城北泗水之上。

孔子的一生

孔子年譜

📖 1 歲　西元前 551 年（魯襄公二十二年）

　　孔子生於魯國陬邑昌平鄉（今山東曲阜城東南）。因父母曾為生子而禱於尼丘山，故名丘，字仲尼。

　　關於孔子出生年月有兩種記載，相差一年，今從《史記‧孔子世家》說。

📖 3 歲　西元前 549 年（魯襄公二十四年）

　　其父叔梁紇卒，葬於防山（今曲阜東 25 里處）。孔母顏徵在攜子移居曲阜闕里，生活艱難。

📖 5 歲　西元前 547 年（魯襄公二十六年）

　　孔子弟子秦商生，商字不慈，魯國人。

📖 6 歲　西元前 546 年（魯襄公二十七年）

　　弟子曾點生，點字皙，曾參之父。

孔子年譜

- 7 歲　西元前 545 年（魯襄公二十八年）

弟子顏繇生，繇又名無繇，字季路，顏淵之父。

- 8 歲　西元前 544 年（魯襄公二十九年）

弟子冉耕生，字伯牛，魯國人。

- 10 歲　西元前 542 年（魯襄公三十一年）

弟子仲由生，字子路，卞人。

是年魯襄公死，其子舞繼位，是為昭公。

- 12 歲　西元前 540 年（魯昭公二年）

弟子漆雕開生，字子若，蔡人。

- 15 歲　西元前 537 年（魯昭公五年）

孔子日見其長，已意識到要努力學習做人與生活之本領，故曰：「吾十有五而志於學」。（《論語・為政》）

- 16 歲　西元前 536 年（魯昭公六年）

鄭鑄刑鼎。

弟子閔損生，字子騫，魯國人。

- **17 歲　西元前 535 年（魯昭公六年）**

孔母顏徵在卒。

是年。季氏宴請士一級貴族，孔子去赴宴，被季氏家臣陽虎拒之門外。

- **19 歲　西元前 533 年（魯昭公九年）**

孔子娶宋人亓官氏之女為妻。

- **20 歲　西元前 532 年（魯昭公十年）**

亓官氏生子。據傳此時正好趕上魯昭公賜鯉魚於孔子，故給其子取名為鯉，字伯魚。

是年孔子開始為委吏，管理倉庫。

- **21 歲　西元前 531 年（魯昭公十一年）**

是年孔子改作乘田，管理畜牧。孔子說：「吾少也賤，故多能鄙事。(《論語・子罕》)此「鄙事」當包括「委吏」、「乘田」。

- **27 歲　西元前 525 年（魯昭公十七年）**

郯子朝魯，孔子向郯子詢問郯國古代官制。孔子開辦私人學校，當在此前後。

孔子年譜

- 📖 30 歲　西元前 522 年（魯昭公二十年）

　　自十五歲有志於學至此時已逾 15 年，孔子經過努力在社會上已站住腳，故云「三十而立」。（《論語‧為政》）

　　是年齊景公與晏嬰來魯國訪問。齊景公會見孔子，與孔子討論秦穆公何以稱霸的問題。

　　弟子顏回、冉雍、冉求、商瞿、梁鱣生。回字淵，雍字仲弓，求字子有，瞿字子木，皆魯國人；鱣字叔魚，齊國人。

- 📖 31 歲　西元前 521 年（魯昭公二十一年）

　　弟子巫馬施、高柴、宓不齊生。施字子期，陳國人；柴字子高，齊國人；不齊字子賤，魯國人。

- 📖 32 歲　西元前 520 年（魯昭公二十二年）

　　弟子端木賜生，賜字子貢，衛國人。

- 📖 34 歲　西元前 518 年（魯昭公二十四年）

　　孟懿子和南宮敬叔學禮於孔子。

　　相傳孔子與南宮敬叔適周問禮於老聃，問樂於萇弘。

- 📖 35 歲　西元前 517 年（魯昭公二十五年）

　　魯國發生內亂。《史記‧孔子世家》云：「昭公率師擊（季）

平子,平子與孟孫氏、叔孫氏三家共攻昭公,昭公師敗,奔齊。」孔子在這一年也到了齊國。

36 歲　西元前 516 年（魯昭公二十六年）

齊景公問政於孔子,孔子對曰:「君君、臣臣、父父、子子」。孔子得到齊景公的賞識,景公欲以尼溪之田封孔子,被晏子阻止。

孔子在齊聞〈韶〉樂,如醉如痴,三月不知肉味。

37 歲　西元前 515 年（魯昭公二十七年）

齊大夫欲害孔子,孔子由齊返魯。

吳公子季札聘齊,其子死,葬於瀛、博之間。孔子往,觀其葬禮。弟子樊須、原憲生。須字子遲,魯國人;憲字子思,宋國人。

38 歲　西元前 514 年（魯昭公二十八年）

晉魏獻子（名舒）執政,舉賢才不論親疏。孔子認為這是義舉,云:「近不失親,遠不失舉,可謂義矣。」

39 歲　西元前 513 年（魯昭公二十九年）

是年冬天晉鑄刑鼎,孔子曰「晉其亡乎,失其度矣。」

孔子年譜

- **40 歲　西元前 512 年（魯昭公三十年）**

  經過幾十年的磨練，對人生各種問題有了比較清楚的了解，故自云「四十而不惑」。

  弟子澹臺滅明生。滅明字子羽，魯國人。

- **41 歲　西元前 511 年（魯昭公三十一年）**

  弟子陳亢生。亢字子禽，陳國人。

- **42 歲　西元前 510 年（魯昭公三十二年）**

  昭公卒，定公立。

- **43 歲　西元前 509 年（魯定西元年）**

  弟子公西赤生。赤字華，魯國人。

- **45 歲　西元前 507 年（魯定公三年）**

  弟子卜商生。商字子夏，衛國人。

- **46 歲　西元前 506 年（魯定公四年）**

  弟子言偃生。偃字子游，吳國人。

📖 47歲　西元前505年（魯定公五年）

弟子曾參、顏幸生。參字子輿，魯國人。幸字子柳，魯國人。

📖 48歲　西元前504年（魯定公六年）

季氏家臣陽虎擅權日重。孔子稱之為「陪臣執國命」。(《論語・季氏》)

《史記・孔子世家》云：「陪臣執國政。故孔子不仕，退而修《詩》、《書》、《禮》、《樂》，弟子彌眾，至自遠方，莫不受業焉。」

陽虎欲見孔子，孔子不想見陽虎、後二人在路上相遇。陽虎勸孔子出仕，孔子沒有明確表態。此事當在魯定公五年或魯定公六年。

📖 49歲　西元前503年（魯定公七年）

弟子顓孫師生。師字子張，陳國人。

📖 50歲　西元前502年（魯定公八年）

自謂「五十而知天命」。(《論語・為政》)

公山不狃以費叛季氏，使人召孔子，孔子欲往，被子路阻攔。

孔子年譜

📖 **51 歲　西元前 501 年（魯定公九年）**

孔子為中都宰，治理中都一年，卓有政績，四方則之。

弟子冉魯、曹玲、伯虔、顏高，叔仲會生。魯字子魯，魯國人；玲字子循，蔡國人；虔字子析，魯國人；高字子驕，魯國人：會字子期。魯國人。

📖 **52 歲　西元前 500 年（魯定公十年）**

孔子由中都宰升小司空，後升大司寇，攝相事。夏天隨定公與齊侯相會於夾谷。孔子事先對齊國邀魯君會於夾谷有所警惕和準備，故不僅使齊國劫持定公的陰謀未能得逞，而且逼迫齊國答應歸還侵占魯國的鄆、鄎、龜陰等土地。

📖 **53 歲　西元前 499 年（魯定公十一年）**

孔子為魯司寇，魯國大治。

📖 **54 歲　西元前 498 年（魯定公十二年）**

孔子為魯司寇。為削弱三桓，採取墮三都的措施。叔孫氏與季孫氏為削弱家臣的勢力，支持孔子的這一主張，但此一行動受孟孫氏家臣公斂處父的抵制，孟孫氏暗中支持公斂處父。墮三都的行動半途而廢。弟子公孫龍生。龍字子石，楚國人。

55 歲　西元前 497 年（魯定公十三年）

春，齊國送 80 名美女到魯國。季桓子接受了女樂，君臣迷戀歌舞，多日不理朝政。孔子與季氏出現不和。孔子離開魯國到了衛國。

十月，孔子受讒言之害，離開衛國前往陳國。路經匡地，被圍困。後經蒲地，遇公叔氏叛衛，孔子與弟子又被圍困。後又返回衛都。

56 歲　西元前 496 年（魯定公十四年）

孔子在衛國被衛靈公夫人南子召見。

子路對孔子見南子極有意見批評了孔子。

鄭國子產去世孔子聽到消息後，十分難過，稱讚子產是「古之遺愛」。

57 歲　西元前 495 年（魯定公十五年）

孔子去衛居魯。夏五月魯定公卒，魯哀公立。

58 歲　西元前 494 年（魯哀西元年）

孔子居魯，吳國使人聘魯，就「骨節專車」一事問於孔子。

孔子年譜

📖 **59 歲　西元前 493 年（魯哀公二年）**

孔子由魯至衛。衛靈公問陳（陣）於孔子，孔子婉言拒絕了衛靈公。孔子在衛國住不下去，去衛西行。經過曹國到宋國。宋司馬桓魋討厭孔子，揚言要加害孔子，孔子微服而行。

📖 **60 歲　西元前 492 年（魯哀公三年）**

孔子自謂「六十而耳順」。

孔子過鄭到陳國，在鄭國都城與弟子失散獨自在東門等候弟子來尋找，被人嘲笑，稱之為「累累若喪家之犬」。孔子欣然笑曰：「然哉，然哉！」

📖 **61 歲　西元前 491 年（魯哀公四年）**

孔子離陳往蔡。

📖 **62 歲　西元前 490 年（魯哀公五年）**

孔子自蔡到葉。葉公問政於孔子，並與孔子討論關於正直的道德問題。在去葉返蔡的途中，孔子遇隱者。

📖 **63 歲　西元前 489 年（魯哀公六年）**

孔子與弟子在陳蔡之間被困絕糧，許多弟子因困餓而病，後被楚人相救。由楚返衛，途中又遇隱者。

- 64 歲　西元前 488 年（魯哀公七年）

    孔子在衛。主張在衛國為政先要正名。

- 65 歲　西元前 487 年（魯哀公八年）

    孔子在衛。是年吳伐魯，戰敗。孔子的弟子有若參戰有功。

- 66 歲　西元前 486 年（魯哀公九年）

    孔子在衛。

- 67 歲　西元前 485 年（魯哀公十年）

    孔子在衛。

    孔子夫人亓官氏卒。

- 68 歲　西元前 484 年（魯哀公十一年）

    是年齊師伐魯，孔子弟子冉有帥魯師與齊戰，獲勝。季康子問冉有指揮才能從何而來？冉有答曰「學之於孔子」。季康子派人迎接孔子歸魯。

    孔子周遊列國 14 年，至此結束。

    季康子欲行「田賦」，孔子反對。孔子對冉有說：「君子之行也，度於禮。施取其厚，事舉其中，斂從其薄。如是則丘亦足矣」。

孔子年譜

📖 **69 歲　西元前 483 年（魯哀公十二年）**

孔子仍有心從政，然不被用。孔子繼續從事教育及整理文獻工作。孔子的兒子孔鯉卒。

📖 **70 歲　西元前 482 年（魯哀公十三年）**

孔子自謂「七十而從心所欲，不逾矩」。顏回卒，孔子十分悲傷。

📖 **71 歲　西元前 481 年（魯哀公十四年）**

是年春，狩獵獲麟。孔子認為這不是好徵兆，說：「吾道窮矣」。於是停止修《春秋》。

六月齊國陳恒弒齊簡公，孔子見魯哀公及三桓，請求魯國出兵討伐陳桓，沒有得到支持。

📖 **72 歲　西元前 480 年（魯哀公十五年）**

孔子聞衛國政變，預感到子路有生命危險。子路果然被害。孔子十分難過。

📖 **73 歲　西元前 479 年（魯哀公十六年）**

四月，孔子患病，不癒而卒。葬於魯城北。魯哀公誄之日：「天不吊，不憖遺一老，俾屏余一人以在位，煢煢余在疚，嗚呼

哀哉！尼父！無自律」。

　　不少弟子為之守墓三年，子貢為之守墓六年。弟子及魯人從墓而家者上百家，得名孔里。孔子的故居改為廟堂，孔子受到人們的奉祀。

國家圖書館出版品預行編目資料

儒家心語，從孔子箴言看人生哲理：從《論語》看儒家文化的當代意義，解讀孔子言行中的哲學思想與道德準則 / 許福吉 選編，楊匡漢 書法. -- 第一版. -- 臺北市：崧燁文化事業有限公司，2024.08
面；　公分
POD 版
ISBN 978-626-394-643-9(平裝)
1.CST: 論語 2.CST: 注釋 3.CST: 儒家 4.CST: 人生哲學
121.222　113011285

電子書購買

爽讀 APP

儒家心語，從孔子箴言看人生哲理：從《論語》看儒家文化的當代意義，解讀孔子言行中的哲學思想與道德準則

臉書

選　　編：許福吉
書　　法：楊匡漢
發 行 人：黃振庭
出 版 者：崧燁文化事業有限公司
發 行 者：崧燁文化事業有限公司
E - m a i l：sonbookservice@gmail.com
粉 絲 頁：https://www.facebook.com/sonbookss/
網　　址：https://sonbook.net/
地　　址：台北市中正區重慶南路一段 61 號 8 樓
8F., No.61, Sec. 1, Chongqing S. Rd., Zhongzheng Dist., Taipei City 100, Taiwan
電　　話：(02) 2370-3310　　傳　　真：(02) 2388-1990
印　　刷：京峯數位服務有限公司
律師顧問：廣華律師事務所 張珮琦律師

-版權聲明

本書版權為新加坡玲子傳媒所有授權崧博出版事業有限公司獨家發行電子書及紙本書。若有其他相關權利及授權需求請與本公司聯繫。
未經書面許可，不得複製、發行。

定　　價：299 元
發行日期：2024 年 08 月第一版
◎本書以 POD 印製
Design Assets from Freepik.com